Buceadores y sus amigos submarinos

Contenido

Stanley L. Swartz

Fotografía de Robert Yin

Dominie Press, Inc.

Un mundo de misterio

Más del 70 **por ciento** de la tierra
está cubierta de agua. El mundo del
océano siempre ha sido un **misterio**.
Hay muchas formas de **explorar** el
océano.

◀ **Buceador junto a peces debajo del agua**

Aprender a bucear

Algunas personas bucean para explorar la **vida marina**. No es difícil aprender a bucear. Es una actividad muy común.

◄ Buceadora nadando junto a un cardumen

Buceo con tubo respirador

Algunas veces el primer paso es nadar bajo el agua usando un **"snorkel"**. Un "snorkel" es un tubo respirador de **plástico** que sobresale del agua. Este tubo se usa para respirar.

◄ **Buceadora abrazando una tortuga**

Nadar bajo el agua con un tubo
respirador es muy divertido, pero no se
puede estar mucho tiempo bajo el agua
de esta manera. Tampoco se puede bajar
a mucha profundidad. Esta buceadora
está nadando con una tortuga.

◄ **Buceadora junto a una tortuga**

Buceo con escafandra o "scuba"

Cuando los buceadores quieren explorar áreas más profundas, aprenden a bucear con escafandra. La escafandra permite al buceador renovar el aire para respirar. Este equipo ayuda a permanecer bajo el agua por mucho tiempo.

◀ **Buceador junto a una manta**

Equipo de buceo

Los buceadores aprenden a usar el tanque de la escafandra. El tanque está lleno de **aire**. El aire es lo que respiramos.

◄ **Buceador junto a un cardumen de peces papagayos**

El tanque de la escafandra tiene
un **regulador**. Este regulador controla
la circulación de aire que va del
tanque a la boca del buceador.

◀ **Buceador junto a un pez mero**

La máscara, también es muy importante.
Ayuda a los buceadores a ver mejor.
La máscara evita que el agua les entre
a los ojos.

◀ **Buceador frente a un pez escorpión**

Los buceadores usan algunas veces **trajes aislantes**. Los usan cuando bucean en aguas frías. Estos trajes los mantienen abrigados.

◀ **Buceadora con su traje aislante**

QUEST

Buceo por recreación o por trabajo

Algunas personas bucean por recreación o **afición**. Otras personas trabajan buceando para **ganarse la vida**. A este buceador le gusta tomar fotografías.

◄ **Buceador con cámara submarina**

Curiosidades submarinas

Aprender a bucear puede ser divertido. Los buceadores tienen **curiosidad** por la vida marina. Muchas de las criaturas marinas también tienen curiosidad por los buceadores.

◄ Buceadora y jibia o sepia

Glosario

"snorkel":	tubo respirador
afición:	una actividad que se usa como pasatiempo
aire:	una mezcla de gases que respiramos
curiosidad:	mucho interés
explorar:	observar y estudiar
ganarse la vida:	trabajar, la forma en que la gente gana dinero
misterio:	algo que no se conoce
plástico:	material que puede ser moldeado
por ciento:	parte de cien
regulador:	un mecanismo para controlar
trajes aislantes:	trajes muy ajustados que se usan para mantener la temperatura del cuerpo en aguas frías
vida marina:	plantas y animales del mar

Índice